CAPITULATION DE DANZIG.

CAPITULATION
DE DANZIG,

TRADUITE DE L'ALLEMAND DE PLOTHO,

Par **P. HIMLY**;

AVEC

OBSERVATIONS CRITIQUES

Par le général baron de **RICHEMONT**,

Directeur des fortifications et commandant du génie
pendant la défense de la place.

Paris,

J. CORRÉARD, ÉDITEUR D'OUVRAGES MILITAIRES,
RUE DE TOURNON, 20.

1841

PARIS. — IMPRIMERIE DE MOQUET ET COMPAGNIE,
RUE DE LA HARPE, 90.

CAPITULATION

DE DANZIG,

Traduite de l'allemand de PLOTHO,

PAR P. HIMLY.

—

OBSERVATIONS

CRITIQUES,

Par le gᵃˡ bᵒⁿ DE RICHEMONT,

Directeur des fortifications
et commandant du génie
pendant la défense
de la place.

—

I.

La nombreuse garnison française qui, sous les ordres du général comte Rapp, occupait les alentours de la place, à une lieue de distance, fut, après de continuels combats, repoussée insensiblement jusque vers les faubourgs, et enfin jusque dans les ouvrages de fortifications.

I.

L'auteur de la relation ne tient aucun compte des faits militaires qui ont précédé l'époque qu'il choisit pour entrer en matière, et par conséquent distrait mal à propos de la défense de Danzig sept mois entiers de combats journaliers, de luttes acharnées, de chicanes perpétuelles et parfois de mouvements agressifs poussés à d'assez grandes distances, et toujours exécutés avec vigueur et succès. Ce système d'opérations offensives, favorisé par l'étendue de la place, par la grande saillie de plusieurs de ses forts sur la campagne, et par le développement d'une immense inondation qui couvrait les flancs des colonnes mobiles agissant sur l'une de ses rives, tandis que l'ennemi était obligé à de très longs circuits pour en prolonger le périmètre opposé, est précisément ce qui donne à la défense de Danzig un caractère propre et vraiment remarquable. C'est au moyen de cette guerre active que la garnison à pu conserver si longtemps les dehors et retarder les approches de la place ; c'est-à-dire la disputer à l'armée russe et prussienne pendant une année entière ; car elle avait été investie dès le 16 janvier 1813, et elle n'a été remise que le 2 janvier 1814, sans qu'il manquât une palissade à ses chemins couverts.

II.

Le 20 août 1813, une lutte acharnée s'engage avec l'ennemi, les assiégeants lui enlèvent près du Faubourg d'Ohra, deux redoutes défendues, du côté du Bischofsberg, et dans la nuit suivante, ils parviennent aussi à occuper le bois près du faubourg de Langfuhr.

Les Français font d'héroïques efforts pour reprendre les positions emportées par les Russes, mais ce fut en

II.

C'est le 24 du mois d'août que recommencèrent, devant Danzig, les hostilités un instant suspendues, par suite de l'armistice conclue après les glorieuses victoires de Lutzen et Bautzen.

L'armée de siége qui, pendant la suspension d'armes, avait reçu des renforts considérables en hommes et en artillerie, voulut faire acte de vigueur en attaquant simultanément toutes les positions

vain. Alors, dirigeant leurs attaques vers Pitzkendorf, sur la position de l'armée assiégeante, ils sont repoussés avec perte, tant par les Russes que par la landwehr prussienne, qui, tournant leur aile gauche, atteint une partie de leur arrière-garde et la fait prisonnière, après lui avoir tué beaucoup de monde. Une troisième attaque, dirigée par l'ennemi sur l'aile gauche des Russes, pour reconquérir la forêt, demeure également sans succès, et la perte du premier s'éleva, dans cette journée, à environ 1,600 hommes tués ou blessés. Celle des alliés, quoiqu'on eût tiré sur eux plus de 1000 coups de canons de la forteresse, ne fut que de 600 hommes.

occupées par la garnison. Mais sa brusque irruption finit par être repoussée sur tous les points : à Ohra, à Schedlitz et à Langfuhr.

Le fait est d'autant moins contestable, que les quatre redoutes qui couvraient le front du plateau de Pitzkendorf, position centrale de l'armée russe et fort en arrière des gorges de la vallée de Konigsthal et de Langfuhr, furent emportées par les 10e et 11e bataillons polonais et que les troupes qui les occupaient furent sabrées par la cavalerie légère du général Farine, ou faites prisonnières.

Le lieut.-général comte Heudelet y perdit le lieutenant Bezançon, son aide-de-camp. Le jeune Centurionne, page de l'empereur et sous-lieutenant au 8e hussards, y fut mortellement blessé.

Toutefois, le moment était arrivé d'abandonner enfin les

positions trop éloignées et trop isolées de la place pour être comprises dans le système de sa défense bien entendue. Le village de Langfuhr se trouvait particulièrement dans ce cas. Séparé de la place par une distance de 2,400 mètres, dominé par les hauteurs du Johannisberg dont les assiégeants étaient maîtres, tourné par la vallée de Konigsthal qui débouchait à sa gorge et qui ne pouvait plus être surveillée, le gouverneur en avait préparé l'abandon en n'y laissant qu'une faible garnison de 80 hommes qui avaient ordre de se replier à la première attaque, et de se répartir dans les deux maisons crénelées qui occupaient l'extrémité du village, sur l'avenue de Danzig.

III.

Le 2 septembre, le général en chef, duc Alexandre de Wurtemberg, repoussa totalement les Français de Langfuhr, qui fut en partie incendié. L'attaque contre ce faubourg et Schellmühle eut lieu sur trois colonnes, à 4 heures et demie de l'après-midi. Ensuite, dans l'intention de couper la retraite aux Français, on plaça sur le chemin de Langfuhr à Danzig deux régiments de tartars, ainsi que deux bataillons d'infanterie,

III.

Ce fut, en effet, le 2 septembre que les Russes, débouchant à la fois par les vallées de Konigsthal et de Neu-Jeschkenthal et par le village de Stries, se portèrent avec rapidité sur Langfuhr, Neu-Schottland et Schellemühle, pendant qu'une nombreuse cavalerie inondait la plaine et couronnait les hauteurs. Bientôt le feu éclate de toutes parts : à Schellmühle, le château et le moulin sont incendiés ; à Ohra, à Zigan-

et le 2ᵉ régiment de chasseurs; on envoya en outre des détachements de cavalerie et d'infanterie pour observer leurs mouvements du côté de Fahrwasser.

L'attaque fut si vive, qu'après une demi-heure de résistance, Langfuhr fut emporté avec toutes les redoutes et les ouvrages qui le défendaient ; un très petit nombre de Français seulement parvint à se sauver. Les deux blockauss défendus par l'ennemi jusqu'à la nuit, furent également enlevés, et au moment où il voulut se retirer, il fut chargé et culbuté par les deux régiments de cavalerie de tartars qui se distinguèrent dans cette circonstance. Alors Le général Rapp résolut, à la tête de trois colonnes, appuyées de cinquante pièces de gros calibre, de reprendre le faubourg et les environs ; mais un feu terrible de mous-

kendorf, les maisons sont livrées aux flammes ; tous les environs de la place paraissent en feu. Deux fortes colonnes sorties de Danzig sont dirigées, l'une sur Langfuhr et l'autre sur Schellmühle. La première ne peut pénétrer jusqu'aux deux maisons crénelées dans lesquelles s'était jetée la garnison. L'autre attaque Schellmühle de front, pendant qu'une compagnie polonaise le prend à revers et l'ennemi est massacré sur les ruines mêmes du village qu'il venait d'incendier. Ce qui échappe regagne Neu-Scottland. Zigankendorf n'est repris que vers les dix heures du soir, et est en partie sauvé des flammes. Quant à Langfuhr, on en croyait la garnison perdue, mais cette poignée de braves se défendit avec tant de vigueur, avec tant d'intelligence et de sang-froid, qu'elle résista à toutes les attaques et triompha de

queterie fit échouer cette tentative, et son infanterie, repoussée à la baïonnette, éprouva une perte de 1,500 hommes. Malgré le feu violent de la place sur les troupes de siége, celles-ci néanmoins commencèrent à se retrancher pendant la nuit, et bientôt leurs ouvrages furent en état de résister aux vives attaques de l'ennemi. Leur perte dans cette journée s'éleva à 500 hommes tués ou blessés.

tous les fléaux réunis; même de l'incendie qu'elle parvint à éteindre tout en continuant de se battre. Le lendemain au point du jour, le capitaine Marnier, aide-de-camp du général Rapp, s'étant avancé à la tête de quelques hommes d'élite vers le blockhauss de droite, jusqu'à portée de pistolet, fut grandement surpris de voir la barrière s'ouvrir tout-à-coup et la garnison s'élancer au-devant de lui. Le général Devilliers fait aussitôt avancer les troupes qu'il avait sous la main et le blockhauss de gauche est à son tour dégagé. Ces deux maisons crénelées étaient, sur leurs quatre faces, jonchées de cadavres ennemis... Ce fut un véritable triomphe que le retour de ces braves gens! Les deux détachements étaient composés de Bavarois, de Westphaliens et de quelques Napolitains qui, coupés par l'ennemi dans un mouvement de retraite, s'étaient brusquement et heureusement jetés dans l'un des blockhauss. Tous étaient commandés par le capitaine Fahrbeck.—Comment de pareils détails et de tels résultats ont-ils pu rester ignorés de l'auteur de la relation? Comment supposer que le mouvement des deux colonnes sorties de la place ait pu être appuyé par cinquante pièces de gros calibre? C'est tout simplement la compagnie d'artillerie légère du capitaine Ostrowski, qui a soutenu la colonne dirigée sur Schellmühle.

Pourquoi ne pas dire aussi que l'attaque du 2 septembre avait été favorisée par une puissante diversion opérée par l'escadre anglo-Russe, forte de plus de cent vingt bâtiments de toute grandeur, et qui, jusqu'alors, s'était bornée à nous envoyer quelques bordées pour connaître l'espèce de nos armements et la portée de nos pièces. Une première ligne de quarante canonnières, soutenues par une corvette, vint s'embosser devant Weichselmünde, et Neu-Fahrwasser, qui, pendant deux heures, furent accablés de ses projectiles ; mais nos batteries répondirent si énergiquement et avec tant de justesse, que ces bâtiments furent forcés de gagner le large avec de fortes avaries. Une seconde ligne succéda à la première et fut tout aussi maltraitée. Cependant la crainte d'un débarquement n'avait pas permis de disposer des troupes rassemblées sur les points menacés, et c'est pendant le second engagement que l'ennemi fit irruption des gorges de Konigsthal, de Jeschkenthal et de Stries.

<table>
<tr><td>IV.</td><td>IV.</td></tr>
</table>

Ainsi, l'armée assiégeante s'était tellement rapprochée

Les événements dont cette partie de la relation prétend

de la forteresse, qu'elle se trouvait en mesure de diriger l'attaque sur les ouvrages même de la place. Et afin que ses flancs fussent suffisamment à couvert, avant de commencer le siége proprement dit et le tracé des parallèles, le général en chef, duc Alexandre de Wurtemberg, se décida à emporter d'assaut le faubourg d'Ohra, les maisons de Schottenhausser, et les trois grandes redoutes placées sur le plateau du Jésuitenberg. Cette attaque qui devait s'opérer dans la soirée du 10 au 11 octobre, avait pour but :

1° D'enlever Schottenhausser et le blockhauss qùi s'y trouvait ;

2° D'emporter les retranchements des Français, entre Schottland et le petit bois d'Ohra ;

3° De passer la Radaune, de se maintenir sur la rive droite, ainsi qu'au débouché reproduire les détails, ne sont pas classés dans l'ordre successif des faits. Entre le 2 septembre et le 10 octobre, il y a une lacune importante dans les opérations, tant des assiégeants que des assiégés, et il s'y est mêlé des incidents assez remarquables pour mériter d'être mentionnés.

L'ennemi, définitivement maître de Langfuhr et de Neu-Schottland, paraît avoir eu l'intention sérieuse d'attaquer la place par les fronts d'Oliva, séduit probablement par l'apparence assez mesquine de toute la ligne comprise entre la Vistule et le Hagelsberg : ses premiers efforts ont été dirigés vers ce but. Il s'est établi solidement en avant de Langfuhr, en étendant ses tranchées, d'un côté sur les hauteurs de Konigsthal, et de l'autre vers Neu-Schottland. C'est de ce dernier point qu'il est parti pour s'avancer en zigzags jusqu'à

de Schottland sur la rive gauche, du côté de Danzig.

L'attaque devait avoir lieu
sur trois colonnes formées de
troupes rassemblées à Schonfeld. Le lieutenant - colonel
de Dohna avait le comman-
dement supérieur des deux
premières.

La première colonne com-
mandée par le major prussien
Eilenbourg, avait ordre de
s'avancer en silence pour
surprendre l'ennemi à l'instant même où il serait canon-
né de Pitzkendorf, Langfuhr,
et Tempelburg.

La deuxième colonne, aux
ordres du major russe Julius,
devait rester en réserve à
droite, sous la batterie de la
montagne des Cosaques.

La troisième colonne, com-
mandée par le général russe
Koulubakin, avait ordre de
rester en réserve entre la
montagne des Cosaques et le
Wonneberg.

A sept heures du soir, on
la hauteur de la redoute Kabrun abandonnée par l'assiégé, et qu'il a rattachée à sa parallèle traversant l'avenue de
Langfuhr à Danzig. C'est là
qu'il a élevé ses premières
batteries et qu'il a fait ses
premiers essais de bombardement ; mais il s'est aperçu un
peu tard qu'il n'y avait pas
moyen de cheminer sans être
écharpé, enfilé et pris de revers par les ouvrages jetés en
avant du Hagelsberg et sur
le bord de la Vistule, dans le
Holm Il lui a bien fallu chan-
ger son front d'attaque, et c'est
alors seulement qu'il a pensé
au Bischofsberg, après avoir
perdu six semaines de temps,
de peines et de travaux dont
l'auteur prussien a cru bien
faire de ne pas parler.

Dans la place, l'assiégé n'a
pas cessé de contrarier de
tout son pouvoir la marche
de l'ennemi, en le harcelant
et l'attaquant journellement
jusque dans ses tranchées.

fit une fausse attaque sur les portes de Tempelburg et d'Oliva, et, dans le même temps, on commença une vive canonnade, et on lança dans la ville une grande quantité d'obus et de fusées à la congrève : le feu se déclara en trois endroits. Alors, le général Rapp, marchant avec une partie de la garnison contre les batteries russes placées en avant de Langfuhr, essaya de les enlever; mais il fut lui-même repoussé avec perte. Cependant, la première colonne se mit en marche et tourna à gauche la montagne des Cosaques jusque devant Schottland, tandis que les deux autres, partant de Schonfeld, prenaient la direction indiquée. Bientôt, on commença la véritable attaque sur Schottenhausser et sur les trois redoutes dont la deuxième colonne s'était approchée dans le plus grand silence, tandis que la réserve Mais il a eu à soutenir d'autres assauts plus redoutables que ceux de l'ennemi. Il s'est vu obligé de lutter encore une fois contre un second débordement de la Vistule, qui a détruit ses ouvrages, ses digues, ses écluses, ses batardeaux d'inondation, et occasionné des désastres effroyables auxquels il a fallu porter remède et réparation. — Il lui a fallu supporter un troisième et quatrième bombardement de la flotte qui est revenue écraser Weichsel-münde, Fahrwasser et l'Isle-Plate, sous une grêle épouvantable de plus de 30,000 bombes ou boulets. La garnison, collée contre ses parapets, n'a eu heureusement que deux hommes tués et trois autres blessés, en portant des munitions; mais Fahrwasser a été rasé et labouré, sans qu'il restât une maison debout et une seule place intacte. L'ennemi, fort

se plaça entre les deux colonnes d'attaque pour les soutenir, suivant les circonstances. Les braves troupes russes et prussiennes exécutèrent ponctuellement les ordres qu'elles avaient reçus. La première colonne, se rendant maîtresse de Schottenhausser, emporta, malgré la vive résistance des Français, les redoutes dont il a été si parlé.

Tandis que ces événements se passaient à l'aile droite, le général Rapp, comprenant enfin le vrai but de l'attaque, réunit en conséquence ses forces à la hâte, et marcha vers les maisons de Schottenhausser. D'abord, soutenu par le feu de ses batteries du Bischofsberg, il parvint, dans un combat sanglant, à se rendre maître de Schottenhausser et des hauteurs voisines, mais son succès fut de courte durée, car les troupes des alliés, recevant alors des ren- maltraité par une artillerie bien servie et bien dirigée, a perdu une canonnière qui a sauté, et trois autres qui ont été coulées. Il a dû lever l'ancre et chercher un refuge dans la baie de Putzig ou dans le Frischaff, en remorquant ses bâtiments désemparés.

De pareils événements ne pouvaient être passés sous silence sans donner à la relation du siége de Danzig un caractère de partialité et d'infidélité historique qui ne permet plus de l'admettre comme un document sérieux.

C'est bien, en effet, parce que l'ennemi s'était réellement trompé dans l'appréciation du véritable front d'attaque qu'il a été forcé de s'en prendre au Bischofsberg; ce qui a été pour lui une seconde campagne à faire, un second siége à recommencer. Nous ne suivrons pas l'auteur dans la description assez

forts importants, surmontèrent de nouveau les obstacles qu'on leur opposait et reprirent, dans l'espace d'une heure, tout le terrain qu'elles avaient perdu. Elles continuèrent à se maintenir, malgré le feu de l'ennemi et la résistance opiniâtre des garnisons de ses blockhauss dont le nombre était augmenté.

Enfin, après un combat de dix heures, les alliés restèrent définitivement maîtres de cette position, qui était pour eux d'une extrême importance. La perte des Français fut de 1,000 hommes. Un de leurs hôpitaux, contenant 700 blessés, fut en outre incendié, ainsi qu'un magasin et vingthuit maisons particulières. Les Prussiens perdirent 10 officiers, 236 soldats, et les Russes eurent 80 hommes tués et 350 blessés. Au nombre des premiers, se trouvait le colonel Bagagewski.

Immédiatement après avoir confuse et parfois inexacte, de tous les combats, de toutes les opérations qui ont péniblement conduit l'assiégeant à s'établir enfin sur le Jésuitenberg et le Stolzenberg, c'est-à-dire à occuper, après trois mois d'efforts, la position qu'une armée expérimentée en matière de siéges , eût emportée huit jours après l'ouverture de la première tranchée. il suffit de jeter un coup-d'œil sur le plan des attaques, qui représente fidèlement tous les travaux de l'ennemi, pour reconnaître avec quelle circonspection , avec quelle timidité il a procédé, et quel immense développement il a inutilement donné à ses tranchées. On en conclura, tout naturellement , ou qu'il manquait, en effet, d'expérience, ou qu'il avait affaire à une garnison bien entreprenante, bien audacieuse.

Nous pourrions rectifier certaines dénominations in

enlevé cette position impor- exactes qui semblent donner tante, le duc de Wurtemberg aux choses l'importance des y fit placer plusieurs batteries mots. Ainsi, *les trois grandes* armées d'obusiers, dans l'in- *redoutes* en avant de Schot- tention de détruire les maga- tenhausser ne sont, au vrai, sins que les Français avaient que trois postes d'infanterie, établis au centre de la ville, établis par les soldats eux- dans l'île dite Speicher-Insel. mêmes pour se garantir des L'artillerie tira si vigoureu- surprises des Cosaques, et sement que le but du général rien de plus. Un seul a été russe fut bientôt rempli, car, pris; les deux autres ont été dans la nuit du 29 au 30 oc- évacués en temps convena- tobre, cent trente-quatre gre- ble. niers de grains et presque tous Une autre erreur à relever, les magasins des Français de- c'est qu'il n'y a pas eu de vinrent la proie des flammes. magasin à poudre qui ait

Le 1er novembre, le 10e ba- sauté; c'est qu'il n'y a point taillon de la landwehr prus- eu d'hôpital et de magasin sienne s'avança vers le fau- incendiés, ni de batterie dé- bourg Schidlitz, où, en atta- montée; c'est que la redoute quant une redoute défendue Frioul ne fut point abandon- avec opiniâtreté par l'enne- née le 17 novembre, puisque mi, le major Bolschwing l'auteur déclare lui-même tomba frappé d'une balle. que les redoutes des Jésuites

Alors, on fit tous les prépa- et des Juifs furent évacuées ratifs nécessaires pour un de notre plein gré, dans siége en règle, et, le 3 no- la nuit du 21 au 22, et vembre, on ouvrit la tran- que ces redoutes sont préci- chée. Dans la nuit du 2 au 3, sément celles qui avaient

l'ennemi fut non seulement repoussé des faubourgs de Schedlitz et Stolzenberg, mais encore de toutes ses positions du Bischofsberg, et, pour lui cacher le véritable point d'attaque, on chercha à l'inquiéter sur son aile droite et sur son aile gauche. On traça dans la même nuit la première parallèle vers le Bischofsberg, comme étant le côté le plus faible de la forteresse, et, dans la nuit du 3 au 4 novembre, on enleva une redoute dont l'occupation était indispensable pour couvrir l'aile gauche des tranchées. Ce ne fut que dans la seconde nuit que l'ennemi s'aperçut des travaux commencés par les assiégeants, mais ils ne laissèrent pas cependant que d'être continués avec activité, sous l'habile direction du lieutenant-colonel prussien Pullet. On avait besoin d'autant de courage que de patience, car il fallait en-

reçu le nom de Frioul.

L'auteur aura probablement voulu parler d'une petite lunette jetée en avant des redoutes Frioul, comme complément du système de fortifications qui occupait le plateau du Jésuitenberg. Cette lunette, qu'on appelait l'avancée de Frioul, se reliait, en arrière, avec le couvent des Jésuites, qui avait été crénelé et se rattachait à la seconde coupure d'Ohra par une tranchée diagonale qui prenait de flanc et de revers les attaques de l'ennemi. — Le 1er novembre, à la tombée de la nuit, cet ouvrage, encore imparfait, avait été assailli brusquement par un bataillon d'élite, soutenu par un autre bataillon suivi de 200 travailleurs, et avait été emporté malgré la vive résistance des 50 hommes qui l'occupaient. Le capitaine Maugin avait été tué dès les premiers coups de fusils, et avait été remplacé

lever, pas à pas, un terrain où les Français se trouvaient retranchés partout. Néanmoins, dans les différents combats livrés, tant pour la prise de la redoute que pour l'ouverture des tranchées, la perte des alliés ne s'éleva qu'à 500 hommes.

Cependant, malgré la résistance opiniâtre des Français, la rigueur de la saison, le pénible service des soldats dans les tranchées et les difficultés sans nombre que le duc de Wurtemberg eut à surmonter pour le transport des munitions et des ustensiles de siége, on continua les travaux avec une si grande activité, que déjà, le 17 novembre, le feu de 131 pièces de canon commença à jouer de la première parallèle; et l'artillerie des assiégeants eut une si grande supériorité sur celle de l'ennemi, que plusieurs ouvrages, et la redoute Frioul entre autres, furent par le lieutenant de sapeurs Boëry, qui avait précédé les 50 travailleurs armés qui devaient compléter la garnison. Cet officier, l'épée à la main et suivi de ses hommes, attendit bravement, sur le parapet de l'ouvrage, les assaillants qui s'étaient jetés dans les fossés. Il tomba frappé de deux balles et d'un coup de baïonnette. La moitié de ces braves gens périt en combattant l'ennemi corps à corps; quelques-uns furent faits prisonniers et le reste parvint à gagner la coupure ou le couvent.

Cette action de vigueur, fort honorable pour l'ennemi, n'aurait pas été passée sous silence, s'il n'eût pas fallu parler de la terrible représaille exercée par les assiégeants. Moins d'une heure après ce triomphe éphémère, la lunette, attaquée de front par un détachement de la réserve du général Husson, pen-

entièrement ruinés et les assiégés contraints de les abandonner.

Les alliés occupèrent aussitôt cette redoute, et l'aile droite de leurs tranchées se trouva ainsi entièrement à couvert du feu de l'ennemi ; ils continuèrent ensuite leurs travaux avec la plus grande activité vers le Bischofsberg et la porte de Pétershagen. La lunette Le Clerc, en avant du Bischofsberg, cessa également son feu qui, jusqu'alors, avait foudroyé le front de la première parallèle.

Dans la nuit du 21 au 22 novembre, les Français évacuèrent également, de leur plein gré, les redoutes des jésuites et des juifs, au dessous du Bischofsberg. Ces redoutes, dont les assiégeants s'emparèrent immédiatement, avaient beaucoup souffert de l'activité de leur feu. Pendant sa retraite, l'ennemi incendia le reste du faubourg dant qu'elle était tournée sur la droite par la compagnie franche du commandant Chambure, fut enlevée avec une fureur irrésistible. Tout fut passé au fil de l'épée, un seul officier et deux ou trois hommes furent conduits au général, comme un échantillon de la nouvelle garnison.

Cette compagnie franche méritait bien une mention honorable de la part d'un ennemi généreux et d'un narrateur impartial, car son audace et ses succès l'avaient rendue l'épouvante de l'ennemi. Le duc de Wurtemberg, au milieu de son état-major, ne passait pas toutes ses nuits tranquilles. Le nom de Chambure était un nom d'effroi. Tantôt, ce chef intrépide s'embarquait pour aller, dans le Néhrung, tomber à l'improviste sur le quartier-général de ce cantonnement isolé, dont il égorgeait les postes, surprenait le parc

Altschottland et de l'église des jésuites.

Sur ces entrefaites, une bombe des alliés, tombée dans le magasin à poudre du Bischofsberg, y alluma un terrible incendie, qui mit non-seulement le désordre parmi la garnison française, mais encore favorisa beaucoup les travaux du siége, qui furent dès-lors continués avec une infatigable ardeur pendant toutes les nuits.

Le feu des six nouvelles batteries placées, comme nous l'avons dit, dans la redoute Frioul et sur la position à gauche, devint bientôt si violent, qu'il démonta plusieurs batteries françaises et endommagea fortement leur palissadement. Cependant, les travaux de siége, vers la porte de Petershagen, ne discontinuèrent pas, et l'artillerie des alliés avait causé tant de ra-

d'artillerie, faisait sauter les caissons et rentrait à Weichselmünde à travers la ligne ennemie; tantôt il partait de Fahrwasser pour aller porter la mort et la dévastation dans le camp de Brosen; d'autres fois, il se précipitait dans les tranchées ennemies, en avant des batteries Frioul, lui tuait une centaine d'hommes à la baïonnette, dispersait les travailleurs et rentrait à temps derrière nos ouvrages. Dans la nuit du 16 au 17 novembre, il sort par la porte Oliva, se jette dans la tranchée, fait main-basse sur l'ennemi qu'il poursuit jusqu'à la redoute Kabrun, y pénètre avec lui, passe la garnison au fil de l'épée, encloue les mortiers et regagne nos avant-postes avant que l'ennemi soit arrivé au secours.

Le nom de Chambure et ses prouesses chevaleresques n'étaient pas moins connus de l'auteur que des deux ar-

vages sur le Bischofsberg, qu'on était sur le point d'enlever d'assaut cet ouvrage.

mées. Il pouvait bien lui consacrer quelques lignes, puisqu'il entrait dans les détails des événements et des combats de chaque jour, pour signaler la valeur et les progrès des assiégeants. N'est-ce pas la vigueur de la défense qui rehausse la gloire de l'attaque ?

Ce qui reste avéré pour tout le monde, quelles que soient les prétentions et les rivalités nationales, c'est que la défense de Danzig est une des plus remarquables, dont l'histoire militaire de notre époque ait conservé le souvenir, et qu'elle mérite d'être assimilée à celle de Gènes, tant pour la vigueur de la garnison, les privations et les misères qu'elle a supportées, que pour les désastres et les fléaux qui l'ont accablée et dont elle a triomphé. — N'est-ce pas un fait digne d'attention et peut-être de servir d'exemple dans des circonstances analogues, que d'avoir su prolonger pendant cinquante-cinq jours de tranchée ouverte la défense d'Ohra, au moyen de deux coupures successives, flanquées seulement d'ouvrages de campagne qui se reliaient aux forts extérieurs de la place ou qui s'appuyaient à l'inondation ? tant était acharnée la résistance des assiégés, tant ils mettaient d'opiniâtreté et d'intelligence à se servir des maisons voisines appropriées d'avance à une défense meurtrière.

Dans ce témoignage honorable, nous ne pouvons être soupçonnés de vanité, car il ne s'agit pas ici des Français seulement; ils étaient en communauté de périls et de courage avec les Polonais, les Bavarois, les Wurtembergeois, les Saxons, les Hessois, les Napolitains, les troupes du grand duché de Francfort, et celles du prince de Lippe.

L'Allemagne est encore plus intéressée que la France à réclamer sa part de gloire !

Le siége régulier de Danzig n'était pas réellement comcommencé, car la parallèle de l'ennemi, la plus rapprochée, c'est-à-dire celle qui s'étendait du Stolzenberg au Jésuitenberg, était encore à 700 mètres des ouvrages *extérieurs* du Bischofsberg qu'il s'agissait d'attaquer. Or, ce fort était dans le meilleur état de défense possible. Il ne manquait pas une palissade à ses chemins couverts, les places d'armes étaient pourvues de réduits en charpente, les fossés étaient traversés par des communications défensives, blindées et crénelées. Le fort lui-même, dont les massifs et l'armement étaient intacts, avait aussi son réduit qui se rattachait au corps de place par une large communication également blindée à l'épreuve de la bombe, avec fossés, palissades et créneaux sur ses deux faces et dans toute leur longueur. Et c'est dans un pareil état de défense, et à une telle distance du fort, qu'on parle de l'emporter d'assaut ! Les 60,000 hommes du duc de Wurtemberg auraient du périr sur les glacis et combler les fossés de leurs cadavres, avant que de pénétrer dans un de ses bastions ! je me sers donc d'une expression rigoureusement exacte, en déclarant, comme ingénieur, que le siége régulier de Danzig n'était réellement pas commencé. Je m'en rapporte au plan des travaux d'attaque de l'ennemi ; je m'en rapporte au jugement de ses propres ingénieurs et de ses généraux.

La place s'est rendue parce qu'elle avait perdu tous ses approvisionnements de vivres, par l'incendie et la destruction des magasins du Speicher-Insel. Elle devait être livrée le jour même où chaque soldat aurait consommé sa dernière ration, réduite à quelques onces de pain.

On aurait échappé à cette dure nécessité si on eût préféré les églises voûtées aux greniers du Speicher-Insel, pour servir de dépôts à l'immense quantité de grains laissés à Danzig par la grande armée, car les bombes, les obus et les fusées, se fussent éteintes dans les tas de blé et n'eussent fait qu'augmenter la provision ; mais une catastrophe inévitable, était celle qu'avaient préparée les malheurs de la campagne de Moskow ! Tous les alliés de la France l'avaient abandonnée et notre garnison ne contenait plus que des troupes ennemies. Elles ont été loyales jusqu'au dernier jour, et j'ose ici me rendre envers elles l'interprète de l'estime et de la reconnaissance de leurs anciens camarades. Mais aurait-on pu les exposer aux boulets des Russes et des Prussiens, qui se glorifiaient de compter leurs frères dans leurs rangs ? Cela ne pouvait être, l'arrêt fatal de la nécessité avait sonné la dernière heure de notre résistance.

V.

Enfin, toutes ces circonstances réunies engagèrent le général comte Rapp à entamer des négociations , à la suite desquelles une suspension d'armes fut conclue le 27 novembre. Le 30, on conclut également , après vingt-six jours de tranchée, une capitulation honorable pour la garnison ; mais un courrier de l'empereur de Russie, arrivant le 24 décembre, apprit, au duc de Wurtemberg, que S. M. n'approuvait pas cette convention, et qu'elle ordonnait que les Français et les Italiens eussent à se rendre prisonniers de guerre. Le général Rapp dut se soumettre à la force des circonstances et souscrire à cette condition.

La ville de Danzig, assiégée depuis le 16 janvier 1813, eût donc à souffrir pendant onze mois le blocus le plus

V.

Le double fait de la capitulation de Danzig et de sa violation a déjà reçu du temps et de la consommation des événements qui l'ont suivi, un caractère d'impassibilité historique qui me permet de livrer à la publicité quelques révélations qui ne seront point dépourvues d'intérêt. — C'est le lieutenant-général comte Heudelet et moi qui fûmes envoyés auprès des généraux russes Wolkonski et Willaminof, pour traiter des conditions de la remise de la place; toutes nos demandes furent accordées après d'assez longs débats. Les conditions n'étaient pas seulement honorables pour la garnison, elles étaient avantageuses à la France, en ce qu'elles lui rendaient de bons soldats et de bons officiers qui pouvaient être promptement utilisés pour sa défense.

rigoureux. De 60,000 habitants qui composaient la population, celle-ci fut réduite, dans les derniers mois, à 13 mille, dont plus d'une centaine encore périssait, chaque semaine, de faim et d'inanition. Le bombardement ne fit qu'augmenter la détresse de cette malheureuse cité; car, outre l'incendie qui ravagea les faubourgs, le feu se communiqua avec une rapidité effrayante dans une grande partie de la ville, et plus de 300 greniers remplis des effets appartenant aux habitants des faubourgs, furent dévorés par les flammes. Sur 4 mille maisons, 970 furent écrasées par les bombes; 70 autres furent entièrement détruites; le couvent des Dominicains n'offrit plus qu'un monceau de ruines et 60 personnes environ furent tuées.

Le 28 décembre 1813, la ville et la forteresse de Danzig, ainsi que les forts de

Préoccupé, depuis l'incendie de nos magasins, de la nécessité prochaine d'entrer en négociations pour la remise de la place et le salut de la garnison, j'avais cherché à nous assurer les meilleures conditions par un moyen qui ne pouvait manquer d'exercer une puissante influence sur la détermination du duc de Wurtemberg et de son conseil. De mon chef, et à l'insu de M. le gouverneur, j'avais chargé M. le chef de bataillon Goll, commandant du génie à Weichselmünde, de faire pratiquer, avec le plus grand secret, une galerie de mine et des fourneaux sur tout le développement du front de la citadelle, qui baigne la Vistule, comme s'il eût été question de le renverser tout entier dans le fleuve. J'étais bien sûr qu'au point de difficultés où nous étions réduits, il ne manquerait pas d'espions dans la place pour

Weichselmünde et du Holm se rendirent à discrétion. Le 1er janvier 1814, on désarma les Polonais, les Bavarrois et les Westphaliens; toutes ces troupes retournèrent dans leur pays. Les assiégeants entrèrent le 2 dans la ville, et aussitôt, les Français et les Italiens mirent bas les armes, pour être conduits prisonniers de guerre en Russie.

Le corps des assiégés se composait alors du général-gouverneur, de sept généraux de division, de six généraux de brigade, de plus de mille officiers et de 9 mille soldats Français. Le personnel de l'administration était, en outre, de plus de mille hommes, et on trouva, dans la place, plus de 1,300 pièces de canon. L'effectif de la garnison sortie de la ville, s'élevait à 15 mille 107 hommes.

Ainsi se termina le siége de Danzig, qui coûta tant de travaux aux alliés; mais aussi, donner à l'ennemi avis d'une disposition qui devait lui faire supposer le projet désespéré d'abandonner Weichselmünde, après l'avoir fait sauter pour encombrer la Vistule de ses ruines. La crainte d'un pareil désastre, dont l'effet eût été d'interdire toute navigation pendant de longues années et d'anéantir ainsi l'importance maritime de Danzig, ne pouvait manquer de faire une forte impression sur l'esprit du prince et de le rendre docile à nos exigences. J'ai eu l'occasion, dans la discussion de la capitulation, de reconnaître que j'avais deviné juste, et j'en ai profité.

Chargé par le comte Rapp, gouverneur de Danzig, de porter à l'empereur la capitulation de cette place, je partis accompagné d'un officier russe et d'un Cosaque. Arrivé à Franckfort, le hazard fit tomber entre mes mains un journal allemand dont une

en acquérant une des pre-
mières places du continent,
ils étaient parvenus à re-
pousser enfin les Français de
la Vistule. On ne saurait rien
ajouter à la gloire des assiégeants après cet extrait du
Moniteur, en date du 26 janvier 1813.

« Danzig est aujourd'hui
» une place inexpugnable :
» 30 mille hommes de bonnes
» troupes y sont réunis; de
» bons généraux les com-
» mandent, et le gouverneur
» de la ville est le général
» Rapp, brave et intrépide
» soldat. Bon nombre d'offi-
» ciers du génie et d'artille-
» rie s'y trouvent, la place
» est approvisionnée de tout
» pour deux ans. »

Malgré la description de
cet état de défense, Danzig
tomba au pouvoir des braves
Russes et des intrépides Prussiens.

Le 2 février, la ville fut remise aux Prussiens. Le lieu-

phrase équivoque éveilla vivement mes inquiétudes. Je
craignis une violation de la
capitulation, et, dans cette
appréhension, je me déter-
minai à recourir directement
à l'empereur Alexandre. Je
rappelai à Sa Majesté l'honorable capitulation accordée au
feld-maréchal comte de Kal-
kreut, lors de la reddition de
Danzig à l'armée française,
dans des circonstances bien
cruelles pour la Prusse comme
pour la Russie, et, par suite,
les droits qu'une glorieuse
défense devait nous donner à
l'estime d'un ennemi non
moins généreux, pour une
représaille justement méri-
tée. Je lui fis connaître que la
prudence de M. le gouver-
neur avait, d'ailleurs, assuré
à la garnison de Danzig une
position exceptionnelle de sé-
curité contre tous les acci-
dents de guerre ou de politi-
que et contre toute velléité de
mauvaise foi, en déclarant ne

tenant-général de Massenbach en fut nommé gouverneur, et la landwehr y fit son entrée après avoir, pendant huit mois, séjourné dans les camps.

vouloir traiter qu'après qu'un oukase impérial aurait investi le duc Alexandre de Wurtemberg des pleins pouvoirs nécessaires, et garanti l'exécution des conditions consenties ; qu'ainsi Sa Majesté, en refusant sa ratification à un acte accompli par ses ordres et sous la promesse d'en accepter toutes les clauses, s'exposerait au reproche d'avoir manqué à sa parole impériale ou à la nécessité de signaler le duc de Wurtemberg, son oncle, comme un faussaire qui aurait abusé de son nom et de son seing.

Ma lettre fut confiée au colonel anglais Campbell qui avait fait route avec moi, et qui s'engagea sur l'honneur à la remettre lui-même à l'Empereur Alexandre. Elle fut, en effet, remise fidèlement, et j'en ai eu les preuves. Retenu à Francfort pendant un mois entier, j'y fus visité par plusieurs officiers russes, expédiés par le duc à l'empereur son neveu, et j'appris combien l'empereur Alexandre était irrité contre le prince. Le général Turtchéminof, en revenant du grand quartier-général, me demandait ce que j'avais pu écrire à l'empereur pour l'avoir si vivement indisposé contre l'armée de siége. Le seul nom du duc de Wurtemberg excitait, disait-il, sa colère et presque sa fureur. Je lui répondis que j'avais rempli un devoir de ma mission, mais je crus convenable et bienséant de laisser ignorer le dilême étroit dans lequel j'avais enfermé la majesté impériale. (*Voir le* Nota *ci-après.*)

Toute l'Europe sait, et l'histoire redira, que la capitulation de Danzig fut déloyalement violée. La grandeur d'âme et la générosité de l'empereur Alexandre sont si connues du monde entier, et la France elle-même en a reçu tant de preuves éclatantes dans ses mauvais jours, qu'il a fallu une haute raison d'Etat pour lui arracher un acquiessement si peu conforme à son caractère et à sa probité. Les Prussiens avaient les premiers violé la capitulation de Modlin, les Autrichiens les avaient imités à Dresde, les Russes, pressés de prouver par leur exemple que les trois grandes puissances agissaient de concert, en exécution d'une convention commune à toutes et obligatoire pour chacune, ne pouvaient pas accuser la déloyauté de leurs alliés par un refus improbateur. — Ce n'est pas sans orgueil que le France peut défier l'Europe de lui reprocher une seule violation de capitulation pendant une gnerre de vingt-trois ans.

NOTA.

J'appelle en garantie de ma véracité, le témoignage des hauts personnages dont les noms sont cités, et jusqu'à celui de la chancellerie impériale Russe qui doit avoir conservé trace de ma démarche. J'avais qualité pour me la permettre, non seulement parce que j'étais partie intéressée dans la capitulation, comme l'un des deux commissaires chargés d'en discuter les conditions ; mais encore parce que j'avais dirigé la défense de la place, à titre de commandant en chef de l'arme de génie.

Avant l'ouverture de la campagne de Russie, j'en avais reçu la mission expresse de l'empereur Napoléon, qui, par un ordre exceptionnel de service, interdisait à tous généraux en chef, maréchaux, princes ou rois, de me déplacer et de me donner un supérieur de mon arme. C'est par ignorance de ce fait, que le lieutenant-général Campredon a été désigné comme le commandant du génie. Ce général, dont la santé altérée ne comportait pas les fatigues d'une retraite jusqu'au-delà du Rhin, était arrivé à Danzig avec un ordre du roi de Naples, pour y prendre le commandement du génie. Je lui donnai communication de ma lettre de service et j'insistai pour exercer le droit qu'elle me conférait ; mais, en même temps, j'offris au général de lui laisser le rôle d'inspecteur, en l'entourant de tous les

égards, de tous les respects dus à son grade et si conformes,
d'ailleurs, à mes sentiments personnels, s'il consentait
à ne donner aucun ordre, et à me laisser la direction
exclusive de la défense. Ma proposition fut accueillie,
presque avec reconnaissance, car elle était la seule tran·
saction qui pût concilier la double exigence de la mauvaise santé du général et de l'ordre impérial qui fixait
irrésistiblement ma position. — Nos engagements mu-
tuels ont été loyalement tenus jusqu'à la signature de
la capitulation.

J'ai cru pouvoir profiter de l'occasion que m'a présentée la
publication de M. Himly, pour réclamer les honneurs et la
responsabilité d'un commandement qui m'appartient et que
j'ai exercé, à la connaissance de tous les officiers supé-
rieurs de mon arme, tant français qu'italiens, qui étaient
sous mes ordres immédiats et qui sont encore pleins de
vie. Ceux de MM. les généraux qui ont survécu et dont le
témoignage peut être invoqué, diront aussi qu'ils n'ont ja-
mais vu que moi dans l'exercice actif des fonctions de chef
du génie, pendant toute la durée du siége, comme aupara-
vant, pour la direction des immenses travaux qui ont
constitué Danzig une des premières places de l'Europe.
Tous les colonels français ou étrangers, tous les corps
d'officiers, tous les soldats de la garnison attesteront le même
fait, car il n'en est pas un seul dont je ne fusse personnel-
lement connu.

Baron de RICHEMONT.